i grilli

Dello stesso autore
negli «Specchi»

Il denaro. «Sterco del demonio»
Di[zion]ario erotico
Nietzsche

nei «Tascabili»
Elogio della guerra

Massimo Fini

Il vizio oscuro dell'Occidente

Manifesto dell'Antimodernità

Marsilio

Prima edizione: ottobre 2002
Seconda edizione: dicembre 2002
Terza edizione: dicembre 2002

ISBN 88-317-8175-8

www.marsilioeditori.it

Indice

Il vizio oscuro dell'Occidente

Bene e Terrore

L'11 settembre inaugura una nuova era della storia del mondo, quella del «terrorismo globale». «Illimitato», come scrive Ludovico Incisa di Camerana sulla rivista «Palomar», «nei bersagli, nei campi di battaglia, illimitato persino negli armamenti, dai più primitivi, i temperini dei dirottatori, al possibile impiego di ordigni sofisticati, chimici, biologici, nucleari»[1]. È una conseguenza logica, e direi anche prevedibile, di un movimento di globalizzazione e di mondializzazione la cui tendenza di fondo è quella di arrivare a uno Stato unico mondiale, a un unico governo mondiale, a un'unica polizia mondiale, a un unico mercato mondiale e a un unico tipo di individuo: il Grande Consumatore. Se lo Stato è unico ne consegue che gli scontri violen-

[1] L. Incisa di Camerana, *La globalizzazione della guerra o la guerra della globalizzazione*, «Palomar», febbraio 2002, p. 37.

ti al suo interno non possono più essere – o perlomeno tendono a non essere più – quelli interstatuali delle guerre tradizionali, ma assumono necessariamente le forme del terrorismo.

Questo Stato unico mondiale non si è realizzato, per ora, in un modo compiuto, giuridicamente precisato né tantomeno democratico – questa è l'utopia dell'ONU, che proprio dall'11 settembre ha ricevuto il suo colpo definitivo e mortale – ma si è venuto formando *di fatto*, sia pur in modo ancora parziale. C'è una potenza che ha l'egemonia assoluta, gli Stati Uniti, una superpolizia costituita dalle forze militari americane e, quando occorre, dalla NATO, un Tribunale (che non è quello internazionale penale e permanente dell'ONU che, boicottato dagli USA, conta meno di nulla), che si costituisce di volta in volta come Tribunale speciale in modo che i vincitori siano legittimati a processare e condannare i vinti, e c'è un modello economico pervasivo, che è quello occidentale, cui, oltre agli Stati Uniti, partecipano l'Europa, il Giappone, la Russia, presto la Cina e ogni paese industrializzato: di fronte a un blocco di potere di questa portata, inattaccabile direttamente e frontalmente, l'unica risposta possibile, per chi voglia contrastarlo con le armi, non è più, come un tempo, la guerra, ma il terrorismo. Osama Bin Laden non è che «l'ombra» dell'Occidente, è una risposta fondamentalista, integralista, totalitaria a un sistema che, nonostante si definisca, in buona fede, democratico e liberale, è fondamentalista, integralista, totalitario. Perché non concepisce e non tollera «l'altro da sé» che, in un modo o nell'altro, con le buone o con le cattive, per ragioni che di volta in volta sono economiche o etiche o umanitarie, deve essere omologato al modello egemone che si considera, per dirla con il Candide di Voltaire, «il migliore dei mondi possibili». Se il nostro modello è il migliore perché non esportarlo e, quando è il caso, imporlo anche agli altri, andando a salvare Safia e tutte le possibili Safia del mondo, anzi del Terzo Mondo? Il destino dell'Occidente sembra quello di essere condannato a capovolgere, in un doloroso contrappasso, la battuta che Goethe nel *Faust* mette in bocca a Mefistofele: «Io sono lo spirito che vuole eternamente il male e opera eternamente il bene». Il paradosso dell'Occidente è credersi il Bene, di volere eternamente il Bene e di operare eternamente, in una sorta di eterogenesi dei fini, il Male. E il vizio di fondo sta proprio in questa distinzione manichea fra Bene e Male e nella pretesa prometeica di aumentare continuamente il Bene a spese del Male, cancellandolo dalla faccia della terra, mentre nella realtà Bene e Male sono due facce della stessa medaglia e concrescono insieme, tanto più grande è il Bene, tanto più grande sarà il Male.

La tabe totalitaria dell'Occidente, questo vizio oscuro e inconfessato che segna quasi tutta la sua storia, parte da lontano ed è anch'essa paradossale perché fu proprio il pensiero greco, che è all'origine della nostra civiltà, il primo a riconoscere il diritto di esistenza e la dignità dell'«altro da sé». Parte dall'evangelizzazione, cioè dall'urgenza non solo di annunciare la «buona novella» al prossimo ma di convertirlo ad essa. C'è qui già, sia pure *in nuce*, l'ambizione della *reductio ad unum*, dell'omologazione a sé, dell'intero esistente, che passerà poi per l'eurocentrismo, per il colonialismo, che si basa sulla distinzione fra culture «superiori» e «inferiori» e il dovere delle prime di portare la civiltà, laica e religiosa, alle seconde, per l'Illuminismo, con l'assolutizzazione della Dea Ragione e la concezione, prettamente globalista, dell'uomo come «cittadino del mondo», per l'internazionalismo proletario di derivazione marxista, e che trova infine la sua più compiuta realizzazione nel modello di sviluppo economico e industriale attualmente egemone, di cui gli Stati Uniti sono la punta di lancia. A questo modello è riuscito, o sta riuscendo, quello che il cristianesimo, il colonialismo classico, il marxismo-leninismo, avevano solo tentato: l'occupazione dell'intero pianeta. Dio è stato sostituito dalla ruspa. Oggi siamo tutti battezzati in un mare di cherosene.

La globalizzazione economica

Il movimento ha inizio con la Rivoluzione industriale, che decolla a metà del XVIII secolo in Inghilterra.

C'è una differenza sostanziale, di qualità, fra il vecchio «capitalismo commerciale», come lo chiamava Marx e l'industrialismo che l'ha sostituito. Il primo opera sull'esistente, su una domanda che c'è già. Si limita a trasferire beni e risorse già esistenti da un luogo all'altro e quindi poco cambia. L'industrialismo prima dilata enormemente l'offerta di beni esistenti – per esempio tessuti – producendo su scala e a minor prezzo ciò che in precedenza era fatto artigianalmente. In un secondo tempo, col progredire della scienza tecnologicamente applicata, produce beni nuovi, stimola e inventa bisogni che prima nessuno sapeva di avere e di cui, per la verità non aveva mai sentito il bisogno. L'industrialismo, a differenza del «capitalismo commerciale» non si limita a trasferire beni, *li crea*. E una volta che li ha creati ha la necessità di smerciarli. Deve quindi conquistare sempre nuovi mercati, sia verticalmente, con nuovi prodotti, sia orizzontalmente, geograficamente, allargandosi progressivamente intorno al centro da cui è partito. L'industrialismo dimostra, quindi, fin dall'inizio, uno straordinario dinamismo, sconosciuto all'era e alle ere che l'hanno preceduto.

Alla fine del Settecento Inghilterra e Francia hanno già virtualmente un unico mercato nazionale, a economia monetaria, che ha assorbito e fuso i vari mercati regionali. È l'inizio della globalizzazione economica. Nel 1870 tutti i più importanti paesi dell'Europa continentale e gli Stati Uniti hanno portato a termine la transizione a un sistema economico di tipo moderno, industriale, di libero mercato, monetario. Ed è in questi anni e fra queste economie integrate e omogenee che ha inizio il grande balzo in avanti del commercio internazionale.

Fatto *uno* il valore medio del commercio mondiale nel 1720, è 1.9 nel 1750, 2.2 nel 1780, 2.3 nel 1800, 3.1 nel 1820, 5.4 nel 1840, ma diventa 23.8 nel 1870, 46 nel 1895, 100 nel 1913, 113 nel 1930, 486.7 nel 1971[2].

[2] M. Fini, *Il denaro. «Sterco del demonio»*, Venezia, Marsilio, 1998, p. 175.

Se in cent'anni, dal 1720 al 1820, si è triplicato, nei successivi centocinquanta, e con in mezzo due guerre mondiali, si è più che centuplicato.

Nel 1971 il definitivo sganciamento del dollaro dall'oro, deciso, peraltro con un atto di chiarezza, dal presidente Nixon, ha dato un'ulteriore, formidabile, accelerazione alla circolazione del denaro, e quindi delle merci. Oggi col crollo dell'Unione Sovietica e l'apertura della Cina al libero mercato, il processo di omologazione economica può dirsi virtualmente concluso.

Anche i paesi del Terzo Mondo, i cosiddetti paesi «in via di sviluppo» sono, come dice la parola stessa, inseriti in questa logica di mercato globale integrato. Ma con conseguenze per loro devastanti, molto più di quelle che aveva provocato il colonialismo classico. Questo si limitava infatti a conquistare territori e a rapinare materie prime di cui spesso gli indigeni non sapevano che farsi, ma poiché le comunità dei colonizzatori e dei colonizzati rimanevano separate e divise poco cambiava per questi ultimi che continuavano a vivere secondo le proprie tradizioni, storia, costumi, socialità, economia. Il colonialismo economico, invece, non conquista territori ma mercati – e ne ha una urgenza assoluta perché, per quanto il mondo industrializzato continui a produrre sempre nuove e meravigliose inutilità, i suoi sono sostanzialmente saturi – e per farlo deve omologare gli abitanti del Terzo Mondo alla nostra *way of life*, ai nostri costumi, ai nostri consumi e possibilmente anche alle nostre istituzioni.

Gli abitanti del Terzo Mondo diventano – oltre che, spesso, dei morti di fame perché le loro esportazioni non riescono a compensare il deficit alimentare che si è creato con l'abbandono delle economie di sussistenza su cui avevano vissuto, e a volte prosperato, per secoli e millenni – degli sradicati, eccentrici rispetto alla propria stessa cultura che è finita in un angolo, e scontano una pesantissima perdita di identità. Si aggrappano quindi all'unico valore ancora rimasto che possa dargliela e confermargliela, quello religioso, e per reazione tendono a declinarlo in senso integralista, fondamentalista, fanatico, estremista ed eventualmente terrorista.

Ciò che sta succedendo nel mondo islamico e musulmano è esattamente questo. Nell'Africa centrale, invece, nessuna reazione è stata possibile, perché i neri avevano culture belle e affascinanti ma leggere, religioni altrettanto belle e affascinanti, panteiste e quindi estremamente tolleranti, ma proprio per questo inermi e l'Africa si è perciò lasciata affondare senza resistenze dal modello industriale e occidentale. Oggi non è più pericolosa per l'Occidente di quanto lo sia un cimitero in putrefazione (che comunque una sua qualche pericolosità la conserva perché c'è sempre il rischio che ci attacchi la cancrena).

Lo sradicamento delle popolazioni del Terzo Mondo produce il fenomeno, inevitabile, delle migrazioni bibliche. Privati della loro storia, delle loro tradizioni, della loro economia, della loro socialità, di quel tessuto di solidarietà, familiare, clanica, tribale, che era il loro modo di sopravvivenza e che il modello industriale ha lacerato irrimediabilmente, ridotti a vivere in desolate periferie dell'Impero e con i suoi materiali di risulta, questi uomini e queste donne cercano di raggiungerne il centro. Ma i paesi industrializzati si oppongono ferocemente a questa immigrazione quando non sia funzionale ai loro interessi, quando gli immigrati non vengano a sostituire gli autoctoni in lavori che questi non vogliono più fare. La concezione occidentale della globalizzazione è questa: libera circolazione dei capitali e delle merci ma non degli uomini. Cioè il capitale può andare a cercare la propria collocazione geografica là dove è meglio remunerato, gli uomini, che spesso proprio da quel capitale sono stati resi dei miserabili, no, non avrebbero questo diritto. Lasciamo pur perdere ogni considerazione etica su questa impostazione, resta che l'Occidente industriale si è cacciato in una *fourchette* irrisolvibile, che esso stesso ha creato. Se, infatti, apre indiscriminatamente all'immigrazione rischia di esserne corroso dall'interno, ma se non lo fa creerà sempre più masse di disperati che premeranno alle frontiere e che saranno facile preda delle lusinghe del terrorismo. Né la situazione si può risolvere mandando «aiuti» alle popolazioni del Terzo Mondo, cercando di integrarle maggiormente, perché è proprio questa integrazione, come dimostra la storia degli ultimi trent'anni, che le fa ammalare ed esplodere.

L'Africa, per esempio, stava molto meglio quando si aiutava da sola. Ai primi del Novecento era alimentarmente autosufficiente. Lo era ancora, in buona sostanza (al 98 per cento) nel 1961. Ma da quando ha cominciato ad essere aggredita dalla integrazione economica – prima era considerata un mercato del tutto marginale e poco interessante – le cose sono precipitate. L'autosufficienza è scesa all'89 per cento nel 1971, al 78 per cento nel 1978[3]. Per sapere quel che è successo dopo

[3] P.N. Bradley, *Produzione e distribuzione degli alimenti: la fame nel mondo*, in *Geografia di un mondo in crisi*, Milano, Franco Angeli, 1992, p. 117.

non sono necessarie statistiche: basta guardare le immagini che ci vengono dal Continente Nero. Non si tratta più di povertà, ma di brutale fame. Eppure in questo stesso periodo la produzione mondiale dei cereali di base, riso grano e mais, è aumentata rispettivamente del 30, 40 e 50 per cento e una crescita, sia pur modesta, della produzione di tali alimenti c'è stata anche in Africa. Ma gli africani, come tanta altra gente del Terzo Mondo, muoiono di fame lo stesso. Perché in un'economia mondiale integrata, di mercato e monetaria, il cibo non va dove ce n'è bisogno, va dove c'è il denaro per acquistarlo. Va ai maiali dei ricchi americani e, in generale, al bestiame dei paesi industrializzati se è vero che il 66 per cento della produzione mondiale dei cereali è destinato alla alimentazione degli animali dei paesi ricchi[4]. I poveri del Terzo Mondo sono costretti a vendere alle bestie occidentali il cibo che potrebbe sfamarli. È la legge del mercato e del denaro (agli albori di questa storia, quando i primi colonizzatori europei arrivarono nel Continente Nero, gli agricoltori africani, che vivevano di autoconsumo e di baratto, non volevano saperne di entrare nell'economia monetaria, volevano continuare a vivere come ave-

[4] Dato FAO.

vano sempre vissuto. Allora i conquistatori misero una tassa in contanti su ogni capanna costringendoli così a entrare nel gioco del denaro, il loro gioco[5]. Del resto è lo stesso sistema con cui, a suo tempo, furono fregati, dalle élites economiche, i contadini europei).

Naturalmente in Occidente si sostiene che la fame in Africa e nel Terzo Mondo è dovuta alla sovrappopolazione e si auspicano drastiche politiche di contenimento della natalità, da ottenersi con le buone o con le cattive, anche perché i poveri del Terzo Mondo – lo scrive per esempio, in Italia, fra gli altri, e senza vergognarsi, Giovanni Sartori – sarebbero degli intollerabili inquinatori. Curioso, visto che il mondo industrializzato, che rappresenta circa un sesto della popolazione mondiale, consuma i quattro quinti delle risorse globali. Ma la tesi di Sartori, e di tutti i Sartori, è più o meno la seguente. Che cosa si fa se in una stanza ci sono sei persone e una sporca quanto le altre cinque messe insieme? Si eliminano queste cinque così quell'uno può continuare a fare i propri comodi. Elementare.

Quella della sovrappopolazione è naturalmente una scusa. A parte Bangladesh, Giava, Egitto e alcune regioni dell'India, il Terzo

[5] J. Reader, *Africa*, Milano, Mondadori, 2001, p. 243.

Mondo non è sovrappopolato e potrebbe tranquillamente mantenersi alimentarmente con le coltivazioni tradizionali, non meccanizzate, se potesse tornare all'autoconsumo[6]. Si dice allora che la causa della fame in Africa e nel Terzo Mondo starebbe nella inadeguatezza delle reti di comunicazione che non riuscirebbero a far arrivare il cibo agli affamati. È vero che i trasporti nel Terzo Mondo sono parecchio sgangherati, ma nemmeno questa è una buona spiegazione. Scrive sarcasticamente Phil Bradley in *Geografia di un mondo in crisi*: «A quanto pare le materie prime riescono sempre a trovare il modo di arrivare al mare e i manufatti di raggiungere le regioni più isolate. Pile elettriche, fiammiferi e Coca-Cola si trovano anche nei più miserabili negozi dell'interno: con che coraggio si può sostenere che il cibo non può arrivarci?»[7]

L'Africa è anche un buon esempio di quali devastazioni culturali e sociali, oltre che economiche, abbia provocato la contaminazione col nostro modello. Tutti hanno visto in televisione le raccapriccianti immagini della guerra del 1994 in Ruanda fra Tutsi e Hutu. Cose così feroci, bestiali che i pii occidentali

[6] Bradley, *Produzione e distribuzione*, cit., p. 121.
[7] *Ibid.*, p. 122.

hanno pensato di allestire il solito «Tribunale speciale per i crimini di guerra in Ruanda». Bene. Una trentina di anni fa assistetti a Nairobi a una Convention sulla guerra in Africa cui partecipavano i rappresentanti di moltissime etnie. E quel che veniva fuori è che la guerra in Africa, fino ad allora, era stata una cosa ridicola, non solo rispetto a quello che abbiamo combinato noi in Europa e in Nord America, ma in assoluto. Ad un certo punto parlò il capo di non mi ricordo quale piccola tribù e raccontò questa storia: «Anche da noi, una volta, c'è stata una guerra. Una cosa tremenda, terribile, proprio terribile. Poi un giorno, vicino a un pozzo, c'è scappato il morto ed è subito finito tutto». È un caso limite che però illustra bene la situazione.

L'antropologia conferma che i neri africani sono stati maestri nel creare istituti per rendere innocua e canalizzare l'aggressività di gruppo, come la festa orgiastica, la guerra ritualizzata, cioè finta (chiamata *rotana* presso i Bambara e altre tribù del Continente Nero) o la guerra fatta togliendo le alette alle frecce in modo da rendere il tiro impreciso e fare pochi danni[8]. Tutta la storia dell'Africa e

[8] M. Fini, *Elogio della guerra* (I ed. Milano, Mondadori, 1989), Venezia, Marsilio, 1999, p. 41.

delle sue mille etnie è una storia in cui si ricercano gli accordi più che i conflitti. E salvo le eccezioni ovvie in una vicenda millenaria, vale per l'intera Africa ciò che l'antropologo inglese John Reader scrive per le popolazioni del delta del Niger:

> Il rischio di conflitti era altissimo: in termini antropologici il delta interno del Niger avrebbe dovuto essere un «focolaio di ostilità interetnica». Eppure ciò che distingue la regione durante i 1600 anni di storia documentata non è la frequenza dei conflitti, quanto la stabilità di pacifiche relazioni reciproche. Con ciò non si vuol dire che non vi siano mai stati contrasti fra i gruppi, ma solo che quando scontro vi fu, non si concluse con la sottomissione dei vinti [...]. Il messaggio che ne consegue è di tipo adattativo [...] il modello prevalente è quello dell'accordo interetnico. Nei racconti la vittoria non era il valore supremo e i vincitori assumevano talvolta l'identità dei vinti [...]. Essi trasformano i potenziali conflitti fra gruppi in attese di accomodamento appropriato, comportamento che a sua volta definisce l'identità etnica in termini di obblighi verso gli altri. La gente sa come comportarsi perché è consapevole delle differenze e il reciproco rispetto consente alla tribù di prosperare e ai simboli materiali dell'identità di gruppo (acconciature, scarnificazioni, abbigliamento, ecc.) di svilupparsi[9].

[9] Reader, *Africa*, cit., p. 197.

Insomma, profondo senso della propria identità, che passa però per il rispetto di quella degli altri. Questa è l'Africa, la «civiltà inferiore» alla quale, con i nostri missionari, i nostri filosofi, i nostri cannoni, le nostre fabbrichette, il nostro denaro, siamo andati a dar lezioni di moralità e di buone maniere. E Reader aggiunge a proposito di tutta l'Africa: «L'identità etnica, che è diventata un elemento separatore gravido di conseguenze nella società moderna, è stata spesso in passato un fattore unificante [...]. I bisogni di un'economia comune tenevano unita quella gente. I gruppi si aggregavano per scelta»[10].

Il nero, è un istintivo, un «bambinone» – come si poteva chiamarlo prima che le élites africane educate a Oxford, oltre a prendere tutti i vizi, compresi quelli ideologici, degli occidentali e a perdere tutte le buone qualità dei neri, se ne risentissero – non un violento. Siamo *noi* che lo abbiamo reso com'è oggi, in Ruanda e altrove.

Ma la globalizzazione non ha disgregato solo le popolazioni africane e terzomondiste, comincia ad attaccare gravemente anche pae-

[10] *Ibid.*, p. 198.

si ben più strutturati, come Argentina, Brasile, Venezuela, Messico. E altri ancora, se il modello globalizzante continua a marciare con l'attuale spietatezza e incoscienza pensando di poter rispondere alle questioni sollevate dall'11 settembre solo con la forza e la violenza delle armi potrebbero presto essere inghiottiti dal gorgo. La crisi della Fiat, che si riverbera fatalmente sull'intero sistema-paese, ci dice che anche l'Italia sta entrando nella rumba e che, nella globalizzazione mondiale, sta passando dal ruolo del profittatore a quello della vittima.

Per cui si rischia che si avveri a livello planetario la profezia che Marx aveva fallito per un solo paese. Marx diceva che col sistema capitalistico i ricchi sarebbero diventati sempre più ricchi ma anche sempre meno numerosi, per cui alla fine per cacciarli non sarebbe stata necessaria alcuna rivoluzione, sarebbero bastate delle pedate nel sedere. Questa ipotesi nell'Occidente industrializzato non si è verificata, sia perché si è creato un consistente ceto medio (che peraltro oggi è anch'esso messo in crisi dalla globalizzazione, tanto nel reddito che nel welfare), sia perché noi abbiamo potuto scaricare le nostre tensioni economiche sul resto del mondo ritagliandoci ogni sorta di rendite di posizione. Ma adesso, con la competizione globale, si rischia che i paesi ricchi si riducano a un pugno, circondati da un mare di miseria.

Il Mondialismo

Quella di cui abbiamo parlato finora è la globalizzazione economica. Che non va confusa con il mondialismo, vale a dire con la sua istituzionalizzazione, giuridica e militare, un tema un tempo caro alla Destra italiana che se lo è fatto ora scippare dalla Sinistra la quale però, a sua volta, non si rende conto che nell'anti-globalismo c'è un intimo e profondo antimodernismo in diametrale antitesi col suo progressismo e le sue stesse radici.

Globalizzazione e mondializzazione non sono andate di pari passo. Solo all'indomani della prima guerra mondiale il presidente americano Wilson tratteggiò i primi lineamenti di una «democrazia universale», ma la seconda provvide a distruggere questa illusione. Dalla fine degli anni Quaranta la guerra fredda fra Stati Uniti e Unione Sovietica ha impedito qualsiasi ipotesi che vedesse un unico centro di potere mondiale. Anche se, da un altro punto di vista, le ideologie che erano alle loro spalle, il liberalismo e il marxismo, sono solo due facce della stessa medaglia. Entrambi sono un parto della Rivoluzione industriale, sono illuministi, positivisti, progressisti, ottimisti, modernisti, economicisti, entrambi hanno il mito del lavoro (per Marx è «l'essenza del valore», per i liberali e i liberisti è esattamente quel fattore che, combinato col capitale, dà il famoso plusvalore), sono entrambi industrialismi che pensano che l'industria e la tecnica creeranno una tale cornucopia di beni da dare la felicità a tutti (Marx) o, più realisticamente per i liberali, al maggior numero di uomini possibile. Si dividono solo sul modo di produrre e distribuire questa ricchezza e possiamo dire che il marxismo è semplicemente un industrialismo inefficiente.

Dopo il crollo dell'URSS l'America, con la collaborazione, a volte obtorto collo, degli europei ha fatto alcuni passi decisivi sulla strada della mondializzazione, travolgendo il diritto internazionale esistente.

Si è cominciato a metà degli anni Novanta in Bosnia. Qui si è stabilito il principio, del tutto nuovo e inaudito, che i popoli non avevano più il diritto di farsi la guerra in santa pace per risolvere le loro controversie. La guerra in Bosnia aveva infatti le sue buone ragioni d'essere, non diverse da altre guerre che l'hanno preceduta e in particolare quelle di indipendenza su cui si sono fondati molti Stati europei.

Quando, dopo il collasso dell'URSS, Slovenia e Croazia reclamarono il proprio diritto all'indipendenza dalla Jugoslavia, sacrosanto in base al principio dell'autodeterminazione dei popoli sancito a Helsinki nel 1975, la comunità internazionale, soprattutto sotto la spinta della Germania e del Vaticano, fu presta a riconoscerglielo. Allora i serbi di Bosnia reclamarono a loro volta il diritto di secedere o di riunirsi alla madrepatria di Belgrado. Una Bosnia multietnica – che oltretutto non era mai stata uno Stato sovrano a differenza della Jugoslavia da cui erano uscite Croazia e Slovenia – a guida musulmana, aveva infatti senso solo all'interno di una Jugoslavia multietnica che non c'era più. Ma la Comunità internazionale negò ai serbi ciò che aveva accordato a croati e sloveni. E i serbi di Bosnia scesero in guerra e dopo sei anni di dure e sanguinose battaglie con croati e musulmani bosniaci la stavano vincendo. Ma gli Stati Uniti, che pur non potevano vantare la difesa di alcun interesse, né geopolitico, né strategico, né economico, in quella regione lontana diecimila chilometri dal loro territorio e priva di petrolio e altre risorse interessanti, intervennero, peraltro sobillati dagli europei, affermando che bisognava interrompere quel massacro (se si fosse ragionato a questo modo un secolo e mezzo fa l'Italia non avrebbe mai potuto farsi unita attraverso le guerre d'indipendenza). In realtà agli Stati Uniti interessava insinuare un cuneo di musulmanesimo non integralista – Albania più Bosnia più, in seguito, Kosovo – in Europa a favore del loro più importante alleato nella regione, la Turchia. Il verdetto del campo di battaglia fu ribaltato e i serbi da vincitori si ritrovarono vinti. Il risultato è che oggi la Bosnia è uno Stato fittizio, tenuto insieme con lo sputo, una pentola pronta ad esplodere appena si toglie il coperchio della cosiddetta «forza multinazionale di pace», perché è una costruzione forzata che non rispetta la realtà dei rapporti di forze della regione che invece era stata esattamente definita dalla guerra.

Le guerre è meglio che non ci siano, ma se vengono fatte è bene rispettarne il verdetto, perché anch'esse hanno una loro logica e una loro ecologia e andare ad alterarle significa quasi sempre creare guai peggiori di quelli che si volevano evitare[11]. Un esempio paradigmatico è la guerra Iraq-Iran in cui pur gli

[11] Fini, *Elogio della guerra*, cit.

Stati Uniti si intromisero pesantemente. Nel 1980 l'Iraq di Saddam Hussein aveva aggredito l'Iran contando che il cambio di regime, dallo Scià filoccidentale all'integralismo di Khomeini, lo avesse indebolito. In linea di massima si dovrebbe simpatizzare con l'aggredito, non con l'aggressore. I paesi occidentali non mossero orecchia, si limitarono a riempire di armi entrambi i combattenti per fare dei bei quattrini sul sangue di iraniani e iracheni. *Non olet*.

Nel 1985, dopo cinque anni di battaglie che erano costate a entrambe le parti, complessivamente, mezzo milione di morti, l'esercito iraniano, fatto di straccioni, di ragazzini e di *basij*, contrapposti al ben più moderno e tecnologico esercito iracheno, aveva fatto, a spese del proprio sangue e di quello altrui, il miracolo: era davanti a Bassora e stava per prenderla, mettendo così fine alla guerra e spazzando via il regime iracheno. Ma gli americani dissero che la presa di Bassora avrebbe comportato un'immane carneficina, che per motivi umanitari non si poteva permetterla e cominciarono a rimpinzare di armi Saddam e a mandare navi nel Golfo per cercare l'incidente che legittimasse il loro aiuto [12], inciden-

[12] L'ambasciatore iraniano all'ONU Korassani, disse: «Man-

te che alla fine avvenne: un naviglio USA fu affondato e benché il missile fosse iracheno e di fabbricazione francese l'incidente venne addebitato lo stesso agli iraniani. Ciò permise agli americani una serie di sanguinose rappresaglie durante una delle quali abbatterono un Airbus iraniano, scambiato per un F14 – una vera impresa – con un bilancio di 289 vittime civili (fra cui 63 bambini), più di quante ne avesse fatte, fino ad allora, il terrorismo internazionale.

Risultato dell'intervento «umanitario». La guerra che si sarebbe conclusa nel 1985 con un bilancio di mezzo milione di morti e la cacciata di Saddam durò tre anni ancora, con un milione e mezzo di morti e con Saddam non solo in sella ma letteralmente imbottito di armi.

Cosa fa una rana con un grattacielo d'armi sul groppone? Lo rovescia sul primo posto che le capita a tiro, in quel caso il Kuwait. Si dovette quindi fare un'altra guerra, all'Iraq questa volta, che provocò la morte di 160 mila civili iracheni (fra cui 32.195 bambini che non sono meno bambini dei no-

dare delle navi nel Golfo in questo momento e pretendere di non essere colpiti sarebbe come sdraiarsi su un'autostrada e pretendere di non essere investiti». M. Fini, *Il conformista*, Milano, Mondadori, 1989, p. 227.

stri)[13], ma con la bella trovata di lasciare al suo posto il principale responsabile, Saddam, in funzione antisciita e anticurda. Per cui dodici anni dopo il problema Saddam si ripropone e gli Stati Uniti suonano il corno per chiamare a raccolta gli alleati e fargli la guerra.

Comunque, per tornare là da dove eravamo partiti, l'intervento militare americano in Bosnia aveva sancito il principio che i popoli fuori dall'area occidentale avevano perso il diritto di fare la guerra e di filarsi da sé la loro storia e che solo le guerre dell'Occidente erano «giuste», purché le si chiamasse «operazioni di polizia internazionale» o, meglio ancora, operazioni di *peace keeping*. Come quella, grottesca, in Somalia: lo sbarco dei marines americani con gli occhiali a raggi infrarossi per vederci al buio, sotto i riflettori a 8.000 watt delle televisioni, scatenate, di tutto il mondo e dove ammazzammo più somali di quanti ne avessero fatti fuori i cosiddetti

[13] Dati del Pentagono. «La Stampa», 7 marzo 1992. Per la precisione i morti civili furono: 86.164 uomini, 39.612 donne e 32.195 bambini. Come «effetto collaterale» di quell'appoggio a Saddam si possono aggiungere anche i 5.000 curdi gasati ad Halabaya dal raìs di Baghdad (l'«impresario del crimine» come lo definiva l'ayatollah Khomeini), eccidio passato sotto silenzio dalla stampa occidentale, sempre così attenta alle questioni 'umanitarie', per motivi di opportunità.

«signori della guerra» (anche questo stereotipo, «signori della guerra», usato dalla stampa occidentale per delle bande di straccioni armati di qualche kalashnikov, è significativo, forse i «signori della guerra» vanno cercati altrove).

Il secondo passo è stato la guerra alla Jugoslavia per il Kosovo. In Kosovo, una regione grande quanto la metà del Piemonte, stazionavano ventimila guerriglieri dell'UCK bene armati ed equipaggiati (in parte dagli Stati Uniti), che facevano uso sistematico del terrorismo, com'è sempre nelle guerre partigiane, contrapposti all'esercito e alle milizie paramilitari serbe. C'erano delle buone ragioni da una parte e dall'altra. Quelle dell'indipendentismo per i kosovari albanesi, il diritto di difendere un territorio che era loro da secoli, storicamente e giuridicamente, per i serbi. Una questione che, fatte salve le pressioni diplomatiche, sempre possibili e legittime, avrebbe dovuto essere risolta dalle forze in campo e all'interno dello Stato jugoslavo. Ma saltò fuori una categoria giuridica nuova di zecca: quella dei «diritti umani». In un anno e mezzo di guerra e di guerriglia in Kosovo c'erano stati, da parte delle forze paramilitari serbe, due eccidi di civili per un totale di 205 vittime (diventeranno 2.000 ma solo *dopo* l'intervento della NATO, dati forniti dai cinquecento osservatori internazionali colà inviati). E sempre che fossero tutti civili perché ciò che vediamo ogni giorno in Palestina ci dice come in una guerra partigiana non sia facile distinguere un militante da chi non lo è. Comunque la CNN, questa centrale della *disinformatja* occidentale, cominciò a trasmettere ossessivamente le immagini di quegli eccidi, ma ogni volta come se si riferisse a episodi diversi e nuovi, creando insieme alle altre TV americane ed europee il clima opportuno. La NATO, autoproclamatasi forza di polizia internazionale, attaccò la Jugoslavia senza avere l'avallo dell'ONU, bombardandola per una settantina di giorni e uccidendo 5.000 civili, di cui 500 albanesi («danni collaterali» naturalmente) e consegnando il Kosovo all'UCK.

Era stato così abbattuto il principio di diritto internazionale, fino allora mai messo in discussione, dell'intangibilità della sovranità nazionale e del divieto di ingerirsi militarmente negli affari interni di uno Stato sovrano. Adesso questo diritto di ingerenza esisteva e apparteneva agli Stati Uniti e alla NATO, sulla base della difesa dei «diritti umani». Un monito per tutti. Ma non bastava. Facendo ricorso al ricatto economico e minacciando la Jugoslavia di bloccare gli aiuti destinati alla sua ricostruzione (per la verità questi aiuti dovevano essere elargiti da FMI, ma non importa) gli americani si fecero consegnare l'ex capo dello Stato jugoslavo, Slobodan Milosevic, un autocrate che peraltro aveva vinto due successive elezioni in un paese dove esisteva una stampa di opposizione, una satira di opposizione, e un'opposizione (tanto che poi avrebbe vinto le elezioni post guerra) per trascinarlo davanti al Tribunale dell'Aja. Veniva così sancito il principio, già sinistramente evocato a Norimberga, che i vinti non erano più solo dei vinti ma dei criminali, dei terroristi e che per loro potevano essere costituiti dei Tribunali speciali *ad hoc* ed *ex post*. Una concezione retroattiva e speciale del diritto che ricorda più o meno quella che aveva Hitler.

E infatti all'Aja ci stanno Milosevic e altri comandanti serbi, ma nessuno si è mai sognato di portarvi il presidente croato Tudjman autore della più grande «pulizia etnica» dei Balcani con la cacciata, in un solo giorno, di 750 mila serbi dalle *krajne*. Un'altra grande «pulizia etnica» è avvenuta in Kosovo, ma a danno dei serbi che si sono ora ridotti a 60 mila dai 300 mila che erano prima dell'intervento della NATO e della messa del Kosovo sotto il controllo delle «forze internazionali di pace».

Nella sostanza la colpa della Jugoslavia, accusata nientemeno di voler creare una

«Grande Serbia», come se ciò fosse di per sé un delitto, come se al suo posto non ci fosse oggi una sorta di «Grande Albania» sottoposta al protettorato occidentale, era di essere rimasto l'ultimo Stato comunista d'Europa. E come sa chi ha qualche anno sulle spalle, se un tempo in Europa bastava essere comunisti per avere ragione, almeno fra l'*intellighenzia*, adesso è sufficiente per avere torto.

Il terzo passo è stato la guerra all'Afghanistan (e non «in Afghanistan» come ipocritamente si dice). Subito dopo l'11 settembre gli americani accusarono dell'attentato Osama Bin Laden che si trovava in quel momento in Afghanistan e ne chiesero ai Talebani l'immediata consegna. Il governo afgano rispose che era disponibile purché venisse fornita qualche prova della responsabilità del califfo saudita. Gli americani replicarono: «Le prove le abbiamo date ai nostri alleati». Allora il governo talebano, come avrebbe fatto qualunque governo, rifiutò di consegnare senza condizioni una persona che si trovava sul suo territorio (a parte il fatto che in Afghanistan l'ospite è sacro, ma queste romanticherie tradizionaliste non interessano gli occidentali attenti solo ai propri valori).

La guerra all'Afghanistan, spianato con migliaia di tonnellate di bombe e con armi anche chimiche (perché tali sono gli ordigni che tolgono l'aria), e con almeno 5.000 morti fra i civili, non è stata fatta per catturare Bin Laden che infatti non è stato preso (Per raggiungere questo scopo sarebbe stato necessario, invece che sparare nel mucchio e alla cieca, mandare le truppe sul campo o forse sarebbe bastata un'azione di *intelligence* veramente intelligente).

La guerra all'Afghanistan è stata fatta per togliere di mezzo i Talebani e occupare quel paese. Ci sono motivi economici. Da anni la statunitense Unocal, di cui era ed è consulente l'attuale capo del governo afgano, il Quisling Karzai, era interessata alla costruzione di un colossale gasdotto che dal Turkmenistan raggiungesse il Pakistan e il mare passando, per la maggior parte, sul territorio afgano. E nel progetto era ed è coinvolta metà dell'attuale dirigenza americana, da Deep Cheney a Condoleezza Rice. I Talebani non erano di principio contrari ma sembravano preferirc l'argentina Bridas diretta dall'italiano Carlo Bulgheroni e comunque prendevano tempo. Inutile dire chi costruirà ora quel gasdotto, chi ne ricaverà i maggiori profitti e quali briciole resteranno al popolo afgano. Inoltre l'Afghanistan, ora che, occupato, si occidentalizza e vi arrivano televisori, videoregistratori, radioline, pile, Nike e tutto quanto, può diventare un discreto mercato.

Al momento della guerra, i Talebani, aderendo alle annose richieste delle Agenzie internazionali, avevano bloccato da un anno le coltivazioni del papavero, da cui si ricava l'oppio. Nessun governo afgano c'era mai riuscito, anzi non ci aveva nemmeno mai provato. Si trattava infatti di una decisione molto difficile, quasi impossibile, perché su queste coltivazioni vivono centinaia di migliaia di contadini afgani e nessuno dei governi che si erano succeduti dopo la cacciata dei sovietici aveva avuto l'autorità, la forza, il prestigio e soprattutto la voglia di prenderla, anche perché i «signori della guerra» che sostenevano quei governi, o ne facevano parte, vivevano a loro volta sul traffico della droga. Il mullah Omar, guida spirituale dei Talebani, aveva il prestigio, l'autorità, la forza, dato che controllava il novanta per cento del paese, anche la voglia perché nella sua visione del mondo l'economia non era la cosa principale, più importante era il Corano che vieta la produzione e il consumo delle sostanze stupefacenti. Quindi, benché il ricavato del traffico d'oppio gli servisse per comprare grano dal Pakistan per sfamare la sua gente, Omar già nel 1998 e nel 1999 aveva offerto più volte agli Stati Uniti e all'ONU di scambiare la fine della coltivazione del papavero col riconoscimento internazionale[14]. Ma gli americani avevano risposto *niet* e lo avevano imposto anche all'ONU. Ciò nonostante nell'estate del 2000 il mullah Omar decise autonomamente di proibire la coltivazione del papavero e ci riuscì. Fatto quasi miracoloso se si pensa ad altre esperienze, come quella colombiana. Questo torto all'Occidente il mullah non lo doveva proprio fare, perché guastava l'immagine che da noi ci si era fatta dei Talebani, integralisti, malvagi, crudeli, criminali e, soprattutto, irragionevoli, gente con cui era inutile discutere. La stampa internazionale cominciò quindi a scrivere che era vero che i Talebani avevano bloccato le coltivazioni di papavero, ma lo avevano fatto per aumentare il valore delle loro scorte dato che il prezzo dell'oppio era salito alle stelle. Insomma la dimostrazione dell'efficacia e della serietà del blocco ordinato dal mullah gli veniva addebitata come una colpa o come un artifizio. «E va bene – borbottò allora un ministro talebano che, essendo afgano, e per sopramercato ignorante perché aveva studiato alle scuole coraniche, non conosceva Esopo e la favola del lupo e dell'agnello – diteci allora che cosa dobbiamo fare?»

Questa storia dell'oppio era particolarmente seccante per l'Occidente, perché se la

[14] A. Rashid, *Talebani*, Milano, Feltrinelli, 2001, p. 147.

sua parte visibile e presentabile, cioè l'agenzia ONU contro la droga, aveva chiesto la fine delle coltivazioni, quella invisibile e impresentabile, vale a dire le grandi organizzazioni criminali che godono di forti appoggi e complicità nelle classi dirigenti di parecchi e irreprensibili Stati, ne erano gravemente danneggiate. Oggi, con sollievo di tutti, nell'Afghanistan di Karzai e delle forze di occupazione, variamente mascherate in forze di pace o che danno la caccia al fantasma di Bin Laden, dove nessuno controlla niente, è ripreso in grande stile un colossale traffico di droga. Inutile dire, anche qui, chi tragga i maggiori benefici di questi affari, ai contadini afgani rimane meno dell'uno per cento.

L'Orrore: il mullah Omar

Epperò i motivi economici non sono, una volta tanto, i principali della guerra all'Afghanistan. È che il regime del mullah Omar rappresentava per l'America e l'Occidente l'Orrore allo stato puro. Non per le atrocità di cui può essersi macchiato che non sono diverse né, tantomeno, più gravi, da quelle commesse dall'alleata Arabia Saudita, dove vige la stessa legge coranica imposta dai Talebani, o, e ancor più, dall'alleata Turchia dove ogni giorno, o quasi, che Dio manda in terra si levano in volo phantom che vanno a bombardare villaggi curdi (ma i curdi, poiché non sono cristiani né ebrei e nemmeno musulmani, ma un antico e fiero popolo tribale, non hanno santi in paradiso). Né i Talebani possono essere tenuti per responsabili dell'attacco alle Torri Gemelle e al Pentagono. Non c'era un solo afgano in quei *commando*, come non un solo afgano è stato trovato nei gruppi di Al Quaeda (Ci sono arabi sauditi, egiziani, tunisini, marocchini, algerini, giordani, ma non afgani e nemmeno iracheni. E i Talebani che stanno a Guantanamo non sono terroristi, ma soldati e ufficiali, prigionieri di guerra trattati come nessuno mai, nemmeno la Germania hitleriana, nemmeno il Giappone ai tempi del Mikado, ha mai trattato i prigionieri di guerra, in gabbie all'aperto, illuminate giorno e notte. Il solo precedente è ancora americano e riguarda il poeta Ezra Pound, accusato di collusione con il fascismo e, soprattutto, di avere idee economiche pochissimo ortodosse, messo in queste condizioni a Tombolo, dopo la guerra, ed esposto, come una bestia, al ludibrio della folla). Si tratta di due storie, quella dei Talebani e quella di Al Quaeda, diverse anche se hanno corso per un certo tratto in parallelo per la presenza di Bin Laden in Afghanistan.

Il mullah Omar era l'Orrore, più di Bin Laden, più di Saddam, più di qualsiasi tiranno e tirannello mediorientale, col quale si può sempre venire, e si venne, a patti. Perché era veramente l'«altro da sé», l'alieno, il mostro. Osava proporre, nell'era della modernità trionfante, avanzante e conquistante, una sorta di «Medioevo sostenibile», cioè una società regolata sul piano del costume da leggi arcaiche, risalenti al xv secolo arabo-musulmano, non del tutto aliena però dal far proprie alcune mirate e limitate conquiste tecnologiche.

L'ingenuo sogno del mullah Omar è ben rappresentato dal dipinto con cui aveva fatto decorare una parete della camera da letto della sua cosiddetta villa, sette stanze in tutto: un immenso prato verde attraversato da un'autostrada, con qualche rada ciminiera sullo sfondo. Un'Arcadia un po' ritoccata. Perché una cosa il mullah l'aveva capita o intuita: che come certi elementi del modello occidentale entrano in una società tradizionale, come quella afgana, questa ne viene irrimediabilmente disgregata, distrutta e ridotta alla miseria più nera, materiale e morale. In quest'ottica va vista la distruzione materiale degli apparecchi televisivi e il *verboten* alla musica occidentale. Utopia? Follia? Delirio? Può darsi, ma avrebbero dovuto essere gli afgani a deciderlo, tenendo conto che i Talebani non erano arrivati dalla luna, ma si erano imposti per il loro valore guerriero e godevano del favore di buona parte della popolazione perché avevano riportato l'ordine in un paese dove i leggendari capi che avevano combattuto l'Unione Sovietica, gli Heckmatiar, i Dostum e anche i Massud, a causa della miseria provocata dall'invasione russa e dai dieci anni di guerra, si erano trasformati in capi mafia che taglieggiavano e vessavano la popolazione, che ammazzavano, rubavano e stupravano (la carriera di leader del mullah comincia proprio col salvataggio di due ragazze che erano state sequestrate da uno di questi ladroni e dalla sua banda; il giovanissimo Omar, con altri *enfants de pays*, circondò il luogo in cui erano tenute prigioniere le ragazze, le liberò, sconfisse i banditi e ne fece impiccare il capo all'albero della piazza del suo paese).

Il mullah rappresentava, agli occhi degli americani e degli europei l'ideologicamente intollerabile, uno che poteva diventare anche molto pericoloso se quella sua visione pauperista del mondo, contraria in modo radicale alla modernità, avesse fatto proseliti. Per questo è stato spazzato via. Era lui l'obbiettivo, molto più di Osama Bin Laden, un ricchissimo e ambiguissimo arabo saudita, al centro di molte manipolazioni.

Se gli americani non fossero stati vittime dell'agghiacciante attacco dell'11 settembre avrebbero dovuto inventarselo. Perché ha permesso loro di spianare e occupare, con un consenso pressoché unanime, l'Afghanistan e permette ora, in virtù della guerra al «terrorismo globale», di teorizzare apertamente ciò che prima dell'11 settembre non era nemmeno pensabile né dicibile, la «guerra preventiva», oggi contro l'Iraq, domani contro l'Iran, dopodomani chissà (Curiosi, però, gli occidentali. Per decenni hanno scomunicato la guerra, diventata il Tabù dei Tabù, bollata come il Male Assoluto, tanto che sono andati a fermare, con le armi, quelle degli altri – Bosnia, Somalia, Kosovo – e quando la fanno non osano più nemmeno dichiararla, come se il solo nome scottasse loro in bocca, e adesso, improvvisamente, abbracciano la più guerrafondaia di tutte le dottrine, adottata dal più aggressivo Impero dell'antichità, quello romano: «Si vis pacem, para bellum»). Ma nella loro corsa a sconfessare i propri stessi principi, gli americani sembrano, in una sorta di inconscio *cupio dissolvi*, non potersi più fermare. Ci sono continui aggiornamenti. Adesso dichiarano apertamente che, sconfitto Saddam o magari assassinatolo (e, anche qui, è la prima volta che si teorizza la legittimità dell'omicidio di un capo di Stato straniero, prima queste cose si facevano, ma di nascosto, vergognandosene) instaureranno in Iraq un Protettorato al cui capo metteranno Tommy Franks, il valoroso generale che, restando in America, ha spianato l'Afghanistan. Peraltro protettorati americani di fatto esistono già in Bosnia e in Kosovo. Un chiarimento, dopo tante nobili ed elevate parole spese contro il colonialismo.

Del resto se ci si cala nelle loro braghe si può anche capirli, gli americani. Se loro sono il Bene – e il popolo americano, se non i suoi dirigenti, ma probabilmente anch'essi, lo crede in buona fede – diventa un dovere, oltre che un diritto, estirpare il Male.

Purtroppo anche il «terrorismo globale» sta in questa logica. A un mondialismo del Bene non può che corrispondere un mondialismo del Terrore.

Il modello paranoico

Tuttavia non è solo dall'esterno che viene il pericolo per l'Occidente. C'è, più insidioso, più profondo, un pericolo interno che potrebbe, prima o poi, saldarsi col primo. Dopo l'11 settembre non ci sono state solo folle terzomondiste che sono scese in piazza per esultare, c'è stata anche una macabra, sotterranea, sottaciuta, inconfessata, negata anche di fronte a se stessi, soddisfazione nel nostro mondo, che va in parallelo, e non in contrasto, con l'istintivo orrore e la pietà per quella orrenda carneficina, per quello sventolare di fazzoletti bianchi, per quegli uomini che si buttavano dal centesimo piano. Bisogna pur dirlo, una volta, per uscire dalla retorica, falsa come tutte le retoriche, del «Siamo tutti americani» di «Le Monde» e del «Corriere della Sera». E l'ha detto anzi l'ha scritto, con crudezza, con lucidità e con coraggio, il filosofo francese Jean Baudrillard:

La condanna morale, l'unione sacra contro il terrorismo, sono commisurate al giubilo prodigioso che nasce dal vedere distruggere la superpotenza mondiale, meglio ancora di vederla autodistruggersi, suicidarsi in bellezza. Perché è lei, con la sua potenza insopportabile, ad aver fomentato questa violenza infusa in tutte le parti del mondo, e quindi anche nell'immaginazione terroristica che (senza saperlo) ci abita tutti. Che l'abbiamo sognato quell'evento, che tutti senza eccezioni l'abbiamo sognato – perché nessuno può non sognare la distruzione di una potenza, una qualsiasi, che sia diventata tanto egemone – è cosa inaccettabile per la coscienza morale dell'Occidente, eppure è un fatto, un fatto che si misura appunto attraverso la violenza patetica di tutti i discorsi che vorrebbero cancellarlo[15].

Non si tratta tanto e solo della meschina e vigliacca soddisfazione di vedere raggiunta nel modo più crudele sul suo territorio, per la prima volta nella sua storia, una potenza che da più di mezzo secolo colpisce, con tranquilla e spietata coscienza, in quelli altrui, che ha bombardato a tappeto Lipsia, Dresda, Berlino premeditando di uccidere milioni di civili perché, come dissero i comandi politici e militari americani dell'epoca, bisognava «fiaccare la resistenza del popolo

[15] J. Baudrillard, *Lo spirito del terrorismo*, Milano, Raffaello Cortina, 2002, pp. 8-9.

tedesco», che ha sganciato una terrificante, e probabilmente inutile, bomba su Hiroshima e Nagasaki, e che nel dopoguerra ha fatto centinaia di migliaia di vittime innocenti in ogni parte del mondo e, da ultimo, in Iraq, in Jugoslavia, in Afghanistan (lo scrittore statunitense Gore Vidal ha contato 250 attacchi militari che gli americani hanno sferrato senza che fossero provocati).

Se così fosse saremmo semplicemente nell'area dei cattivi sentimenti e si potrebbe passare oltre. Ma c'è qualcosa di più profondo e di più grave. È che gli occidentali, e in particolare gli europei, addebitano all'America una profondissima frustrazione di cui l'America in quanto tale non è più responsabile di altri, non più di noi stessi. È la frustrazione che deriva dal fatto di vivere nel «migliore dei mondi possibili» – così ci viene sempre ripetuto – nel rutilante e fantasmagorico Paese dei Balocchi, e di non essere né felici né sereni, ma divorati dall'angoscia, dalla nevrosi, dalla depressione, dall'anomia, in misura maggiore del più disperato abitante di un tugurio terzomondista. Perché in questo modello di sviluppo, basato sull'ossessiva proiezione nel futuro, invece che sulla ricerca dell'armonia in ciò che già c'è, l'uomo non può mai raggiungere un punto di equilibrio e di pace, ma colto un obbiettivo è costretto dall'inesorabile dinamismo del sistema – inesorabile e ineludibile perché su esso si fonda – ad inseguirne un altro, fatto un gradino a salirne un altro e poi ancora, in un'affannosa corsa priva di senso che ha termine solo con la morte dell'individuo. Come al cinodromo i cani levrieri, fra le bestie più stupide del Creato, battagliando e mordendosi l'un l'altro, inseguono la lepre di stoffa che, per definizione, non possono raggiungere, così è l'uomo d'oggi. Ludwig von Mises, uno dei più estremi ma anche dei più lucidi teorici dell'industrial-capitalismo, dichiara apertamente su quale meccanismo, su quale lepre irraggiungibile, si basa «il migliore dei mondi possibili»:

> Qualsiasi cosa possa un uomo aver guadagnato, ciò rappresenta per lo più una mera frazione di quel che la sua ambizione lo spingeva a conquistare. Davanti ai suoi occhi c'è sempre gente che ha avuto successo laddove egli ha fallito. Vi sono persone che lo hanno superato e contro le quali nutre, nel suo subconscio, complessi di inferiorità. Tale è l'atteggiamento del vagabondo verso l'uomo con un lavoro regolare, dell'operaio verso il capofficina, del dirigente verso il vice presidente, dell'uomo che vale trecentomila dollari verso il milionario, e così via[16].

[16] L. von Mises, *La mentalità anticapitalistica*, Roma, Armando, 1988, p. 30.

Ma benché si renda ben conto che l'intero marchingegno è basato sulla frustrazione e l'insoddisfazione, von Mises ne ribadisce il presupposto e, capovolgendo venti secoli di pensiero occidentale e orientale, afferma: «Non è bene accontentarsi di ciò che si ha». Ma poiché non si pongono, e non ci sono, limiti a ciò che si può avere la corsa non ha mai fine. In termini psichiatrici: una follia.

Confermata dai dati e dalle statistiche. Nell'Europa del 1650 i suicidi erano 2.5 per 100 mila abitanti. Nel 1850, un secolo dopo il *take off* industriale, erano già il 6.8, triplicati, verso la fine del XX secolo sono diventati oltre il 20, si sono cioè decuplicati[17]. L'alcolismo di massa ha inizio con la Rivoluzione industriale. Le malattie mentali, depressione e nevrosi, quasi sconosciute nel mondo agricolo preindustriale, sono diventate un problema sociale nell'Ottocento e nella prima metà del Novecento, tanto da dar origine alla psicoanalisi, per esplodere come segno di disagio acutissimo, che permea l'intera civiltà occidentale, nel secondo dopoguerra. Negli Stati Uniti 566 americani su mille fanno uso abituale di psicofarmaci. Cioè nel paese guida del modello, il più forte, il più potente, il

[17] M. Fini, *La Ragione aveva Torto?*, Firenze, Camunia, 1985, pp. 70-71.

più ricco, quello che gode di straordinarie rendite di posizione derivantigli dalla vittoria nella seconda guerra mondiale, più di un abitante su due non sta bene nella propria pelle, non regge la società in cui vive.

Com'è potuto succedere? Com'è che il Paese di Bengodi si è trasformato in un incubo? Vediamo la cosa non dal punto di vista dell'individuo che lo subisce ma del meccanismo in cui è inserito. Intorno alla metà del XVIII secolo, sempre più o meno in concomitanza con la Rivoluzione industriale, si opera un rovesciamento di prospettiva di portata copernicana. Da una parte, come ha dimostrato Karl Polanyi (un pensatore, antropologo ed economista, al livello dei maggiori ma che, per essere tanto anticapitalista che antimarxista, è sempre stato tenuto sottotono) si passa da un'epoca nella quale le leggi economiche sono in buona misura subordinate alle esigenze e agli scopi della comunità umana, a un'altra nella quale il rapporto si capovolge: le leggi cieche dell'economia prendono il sopravvento[18]. Si afferma che le leggi economiche sono come le leggi della natura e che opporvisi è quindi stolido: si combinano guai peggiori di quelli che si volevano evitare. Il

[18] K. Polanyi, *La grande trasformazione*, Torino, Einaudi, 1974.

che è ovvio se al centro di un sistema noi mettiamo l'economia, come fanno sia i liberisti che i marxisti. Ma ciò vale per qualsiasi cosa si prenda come punto di riferimento e se ne faccia un centro e un assoluto. Se io metto al centro del sistema la religione, le norme etiche diventeranno altrettanto ineludibili di quelle naturali, se vi metto uno spillo, tutto quanto dovrà in qualche modo girarvi intorno.

Per quanto possa sembrare oggi strano, per secoli e millenni al centro del sistema non c'è stata l'economia, che anzi aveva un'importanza così marginale da non poter nemmeno essere enucleata dalle altre esigenze umane (L'economia politica, come disciplina autonoma, nasce nel XVIII secolo, insieme alla convinzione che le sue siano «leggi naturali»). Facciamo un esempio fra gli infiniti che si potrebbero portare. In un sistema che ha al centro l'economia è basilare il concetto di *produttività marginale del lavoro*, che è l'accrescimento del prodotto conseguente all'aumento di un'unità lavorativa. Se questo accrescimento è insufficiente o nullo, il lavoratore, prima o poi, viene espulso e deve cercarsi un altro posto, se lo trova. In un sistema che ha al centro l'economia, e quindi la produttività, questa è una legge ineludibile, una «legge naturale» perché se l'impresa non la rispettasse perderebbe in competitività e prima o poi sarebbe anch'essa espulsa dal mercato insieme ai suoi lavoratori. Che cosa sarebbe successo in un'economia tradizionale, preindustriale, se su un campo in cui vivevano dieci persone si fossero accorti che otto erano sufficienti non solo per mantenere tutti ma anche per realizzare un discreto guadagno sul mercato mentre il lavoro di due era, in pratica, improduttivo? Avrebbero cacciati a pedate nel sedere quei due dicendogli di andarsi a cercare impieghi più produttivi? Nient'affatto. Si sarebbero divisi il lavoro in dieci, approfittando del maggior tempo libero per andare all'osteria, a giocare a birilli, a corteggiare la futura sposa. Per quegli uomini e quelle donne, una volta assicurato il fabbisogno essenziale, erano più importanti i legami affettivi, emotivi, sentimentali, esistenziali che li univano sulla stessa terra che un eventuale guadagno da realizzare sul mercato. Perché al centro di quelle società, com'è ancora oggi nelle realtà del Terzo Mondo non completamente devastate dal nostro modello, non c'era l'economia, c'era l'uomo. E infatti anche la disoccupazione, questo incubo delle società attuali, è un prodotto della Rivoluzione industriale. Non esisteva nel mondo contadino.

Questo da una parte. Dall'altra, sempre

intorno alla metà del XVIII secolo, si ha quella «meccanizzazione della concezione dell'universo», come l'ha definita Dijksterhuis, che era già dominante nel Seicento a livello di élites filosofiche e che nel Settecento, oltre a diventare operativa, si generalizza e finisce, in un lungo processo che ha raggiunto il parossismo ai giorni nostri, nel trionfo del principio che «deve essere realizzato tutto ciò che la tecnologia può realizzare».

La Rivoluzione industriale, poi razionalizzata dall'Illuminismo nelle sue due varianti, liberale e marxista, può essere quindi considerata come la combinazione di questo duplice ribaltamento in cui l'uomo viene subordinato ad esigenze, economiche e tecnologiche, che in qualche modo lo trascendono. Il lettore avrà sentito dire mille volte da economisti, da politici, da sindacalisti: «Bisogna stimolare i consumi per aumentare la produzione». Se la si guarda bene questa frase è paranoica. Noi non produciamo più per consumare, ma consumiamo per produrre. Il meccanismo non è al nostro servizio, ma noi al suo, siamo i tubi digerenti, i lavandini, i water attraverso i quali deve passare il più velocemente possibile ciò che altrettanto rapidamente produciamo. Siamo il terminale uomo. Anzi, non siamo più nemmeno uomini, ma *consumatori*. E nemmeno consumatori coscienti e volontari, ma ranocchie che, opportunamente stimolate, devono saltare anche quando vorrebbero star ferme, per non inceppare l'onnipotente meccanismo che ci sovrasta.

Questa non è una degenerazione del modello, è la sua intima essenza. Se ne era già accorto Adam Smith che ne *La ricchezza delle nazioni* scrive:

> Il consumo è unico fine e scopo di ogni produzione; e l'interesse del produttore dovrebbe essere considerato solo nella misura in cui esso può essere necessario a promuovere l'interesse del consumatore. Questa massima è così chiaramente evidente di per se stessa che sarebbe assurdo cercare di spiegarla. Ma nel sistema mercantile l'interesse del consumatore è quasi costantemente sacrificato a quello del produttore; e tale sistema sembra considerare la produzione e non il consumo come il fine e lo scopo definitivo di ogni attività e di ogni commercio[19].

Ma il paradosso è destinato ad andare ancora oltre. La tendenza è infatti che noi non si consumi nemmeno più per produrre, ma si produca senza consumare (vedi, per esempio, i recenti limiti posti alla circolazione delle au-

[19] A. Smith, *La ricchezza delle nazioni*, Roma, Newton & Compton, 1995, p. 550.

tomobili nei giorni festivi, quando potremmo usarla per noi, e non in quelli feriali nei quali è indispensabile al lavoro e quindi ad alimentare il meccanismo produttivo).

L'uomo che vive nel «migliore dei mondi possibili» sconta poi una paurosa perdita di identità. L'omologazione è una conseguenza ovvia della globalizzazione e della mondializzazione che esigono e presuppongono una omogeneità, omogeneità di stili di vita, di consumi, di istituzioni. Ma la perdita di identità non è solo il pedaggio che nella nostra espansione, necessitata dalle esigenze profonde della nostra economia e legittimata da un pensiero totalitario che si ritiene portatore del Bene, abbiamo fatto e stiamo facendo scontare a tutto il mondo «altro», distruggendo culture, lingue, specificità, territori, ma l'abbiamo pagata anche noi, sulla nostra pelle e per primi, come singoli individui del mondo occidentale.

Il mondo preindustriale era caratterizzato dalle piccole dimensioni e, entro certi limiti, dalla stabilità. Stabilità delle istituzioni, della famiglia, dei ruoli, dei rapporti umani, degli oggetti. Stabilità dello stesso paesaggio. All'interno dei luoghi in cui operava, l'uomo di allora conosceva tutti ed era da tutti conosciuto. Si sapeva chi fosse e quanto valesse e finiva per saperlo lui stesso.

È un'armonia complessiva, dove ogni uomo, per povero e marginale che fosse, aveva una parte, un posto, un ruolo e un senso (o credeva di averlo, il che fa lo stesso), non era semplicemente spettatore, numero, *consumatore*, quella che è stata irrimediabilmente spezzata dalla Rivoluzione industriale e dal modello di vita che su di essa si è costruito, e che nonostante tutti gli ottimismi positivistici in contrario, liberali e marxisti che siano, non è stata più ricostituita né tantomeno superata in uno stadio più avanzato di progresso.

Per finire questo rapido excursus sulla imbecillità della modernità – e tralasciandone moltissima parte, fra cui la totale assenza (contrariamente a tutte le civiltà che ci hanno preceduto) di una cultura della morte, proibita, scomunicata, dichiarata pornografica, sostituita dalla malattia, da cui, va da sé, la medicina tecnologica ci guarirà, e, ancor peggio, dall'«uomo a rischio», cioè dall'uomo mai veramente sano perché dal momento che vive potrebbe anche morire, e questo è indecente, poco dignitoso, vietato, non sta nel quadro di Bengodi, di una società che corre gioiosamente verso il futuro senza rendersi conto che nel futuro c'è solo e proprio la morte, dell'individuo e della specie, e che alla velocità cui stiamo andando noi quel futuro lo stiamo accorciando – l'Illuminismo, ha compiuto un paio di errori psicologici così grossolani che si stenta a credere che gente intelligente – perché, almeno all'inizio, si trattava di gente intelligente – abbia potuto concepirli.

Il primo è aver proclamato il diritto all'uguaglianza senza in alcun modo poterla garantire, anzi avendo, di fatto, accentuato le disparità, sia economiche che sociali. «Proclamare il diritto all'uguaglianza in una società che ha bisogno di una massa di schiavi salariati vuol dire aver perso la testa» ha scritto verso la fine dell'Ottocento Friedrich Nietzsche, uno dei primi ad avvertire che cosa bollisse in pentola. Nelle società industriali le disuguaglianze economiche non sono diminuite ma aumentate (ci sono le statistiche a dimostrarlo)[20], esattamente come, a livello globale, sono vertiginosamente aumentate le distanze fra paesi ricchi e paesi poveri (i quali sono diventati più poveri non solo in senso relativo, rispetto a quelli ricchi, ma assoluto, più poveri di quanto non lo siano mai stati). Ma questo sarebbe il meno. Sono aumentate anche le disparità in termini di stile di vita e di considerazione sociale. Oggi una grande

[20] Fini, *La Ragione*, cit., pp. 101-110.

pop star, un divo della televisione o del cinema, un calciatore, è più lontano dall'uomo comune di quanto lo fosse il feudatario rispetto al suo servo. E con una differenza fondamentale. Si tratti di Europa medioevale o di Oriente la società era divisa in ordini e caste. La disuguaglianza era cioè codificata e legittimata. Ciò poneva gli individui al riparo dalla frustrazione, dall'invidia e dall'odio. Non è colpa mia se non sono nato nobile, se non sono nato re. Quelli partecipano a un altro campionato e non ho l'obbligo di misurarmi con loro. Posso accettare la disparità con una relativa serenità. Ma in una società dove esiste un teorico diritto all'uguaglianza io non posso sopportare la disuguaglianza dell'«uguale». Perché la vivo come un insulto, un'offesa o una mia colpa. Ma come ci spiega ancora von Mises, proprio questa frustrazione e questa invidia sono gli ingredienti indispensabili alla società liberal-industrialista perché innescano quella corsa senza fine verso i simboli di stato, cioè verso l'acquisto di beni, fossero anche i più inutili (come il recentissimo water giapponese che misura automaticamente il livello degli zuccheri nell'urina, è dotato di elettrodi che vellicano le chiappe, riproduce il suono di sei colonne sonore, risplende al buio e, infine, saluta l'utente alzando il coperchio), verso un benessere che deve essere continuamente superato, necessaria a tenere in piedi l'intero *ambaradan*.

Come se non bastasse il protestantesimo, la dottrina che, con la sua mitizzazione del lavoro e la redenzione attraverso di esso, è stata un propellente fondamentale del decollo industriale, e che a tutt'oggi è dominante nei paesi guida dell'attuale modello di sviluppo, come gli Stati Uniti e la Germania, ha avuto la dabbenaggine di considerare il povero un dannato da Dio, mentre il ricco è invece l'Eletto. Per cui oggi il povero non è più solo povero, è un reietto, colpevole di esserlo, «un nemico di Dio che porta su di sé i segni della dannazione eterna»[21]. Dannato qui e dannato nell'Aldilà, non uguale nemmeno nella morte. Laddove la morale medioevale aveva invece metabolizzato con grande sapienza la povertà. Il mendico, come lo scemo del villaggio, è un individuo che in un qualche suo misterioso modo ha un rapporto diretto, e per certi versi privilegiato, con Dio. In alcuni casi, attraverso gli ordini mendicanti, la povertà era stata addirittura glorificata e portata a esempio. In questo la Chiesa cristiana era stata peraltro preceduta

[21] M. Weber, *L'etica protestante e lo spirito del capitalismo*, Firenze, Sansoni, 1977, p. 209.

dal pensiero greco. Appena fece la sua comparsa, nel II secolo avanti Cristo, quello che viene chiamato il «capitalismo antico», le principali scuole di filosofia si misero immediatamente ad esaltare i *penes* e la *penìa*, i poveri e la povertà, avendo ben capito a quale mare di infelicità, e a quali pericoli, si andasse incontro se si toglieva alla maggioranza della popolazione qualsiasi legittimazione esistenziale.

Ma proprio sulla *felicità*, parola proibita, che non dovrebbe essere mai pronunciata, l'Illuminismo ha fatto il suo più grave e definitivo errore psicologico, una sorta di «norma di chiusura», per dirla con lo Zietelmann, che blinda il sistema nella sua paranoia. Ha proclamato «il diritto alla felicità». Per la verità non è arrivato a tanto, ha sancito «il diritto alla ricerca della felicità», come sta scritto nella Costituzione americana. Ma a livello di massa questo è stato introiettato come un diritto a essere felici. Pensare che l'uomo abbia un «diritto alla felicità» significa renderlo, *ipso facto* e per ciò stesso, infelice. La sapienza antica era invece consapevole che la vita è innanzi tutto fatica e dolore, per cui tutto ciò che vi sfugge è grasso che cola. «La vita oscilla fra noia e dolore» può affermarlo solo Schopenhauer, *rentier* già corrotto dal benessere. Per ribaltare ancora la battuta di

Mefistofele: l'uomo occidentale volendo e cercando ossessivamente il Bene, anzi il Meglio, si è creato con le sue stesse mani, il meccanismo perfetto e infallibile dell'infelicità.

Ma questo cappio, questo nodo scorsoio, non ci siamo accontentati di stringerlo interno al nostro collo. Lo abbiamo esportato, e continuiamo ad esportarlo, con coerenza omicida, nell'universo mondo. Nulla deve rimanere «altro da noi». Nel rapporto che recentemente George W. Bush ha inviato al Congresso, dov'è teorizzata la «guerra preventiva», dove si afferma che l'America «non intende minimamente consentire ad alcuna potenza straniera di colmare l'enorme divario apertosi negli armamenti», ed è la prima volta che uno Stato pretende il disarmo di tutti gli altri, postulando, in un delirio d'onnipotenza, un'egemonia non solo attuale ma eterna, qualcosa di molto simile al «Reich dei mille anni» di Adolf Hitler, si dice anche, a mo' di rassicurazione, che l'America userà la sua potenza, divenuta unica, per «il bene delle società libere». Quali sono le «società libere»? Ed esistono società libere, libere di essere se stesse, come la loro storia le ha fatte, secondo le proprie tradizioni, i propri costumi, la propria vocazione, secondo la volontà e il consenso dei propri membri, quando sono sottoposte a un simile diktat? La domanda è tanto più legittima perché il documento Bush aggiunge: «C'è un solo modello possibile: la libertà, la democrazia e l'impresa, valori che devono essere protetti ovunque». Non c'è posto per valori diversi. Che il modello ha da essere unico, e che deve essere quello occidentale, non è più solo una tendenza di fatto, ora è un atto costitutivo, quasi giuridico, che sta scritto anche sulla carta. È la nuova Costituzione mondiale.

Il rapporto Bush, una sorta di vangelo della mondializzazione e della globalizzazione, promette inoltre «una battaglia di idee e di valori» anche per il futuro del mondo islamico. L'Islam, come qualsiasi altra diversità culturale, sarà accettato, e potrà continuare ad esistere, nel nuovo ordine mondiale, solo nella misura in cui si omologherà all'Occidente. Vale per tutti. Abbiamo visto in televisione gli afgani. Sono uomini fieri, audaci, coraggiosi, con una grande dignità persino antropologica, fisica, feroci e crudeli anche, certo, ma insomma uomini. Che sanno, proprio in virtù della vita essenziale che conducono, ciò che ha valore e ciò che non ne ha, non bambini, deviati, esauriti, svirilizzati da mille giocattoli. Quale luminoso futuro andiamo proponendo a questa gente, con l'esportazione violenta della nostra democrazia, del nostro mercato, delle nostre libertà? Che fra non molto anch'essi potranno sedersi la sera davanti alla TV e vedere «Quiz Show».

A colonizzare l'intero pianeta non siamo spinti solo da nostri interessi, crediamo davvero, crediamo sul serio – questo è il vizio oscuro dell'Occidente di cui abbiamo parlato all'inizio – di avere «il migliore dei modelli possibili». E quindi avanziamo ilari, con la verità in tasca e il sole in fronte, senza incertezza, senza esitazioni, senza sospetti, senza resipiscenze. E quando qualcuno, qui in Occidente, osa avanzare dei dubbi sulla bontà del modello, quasi subito, come racconta Ceronetti, si alza in piedi un cretino che con gli occhi iniettati di sangue illuminista urla: «Ma indietro non si torna!» Bravo. La tragedia è proprio questa. Idiota. Avanziamo, trasportati da un meccanismo che va per conto suo, per forza autonoma, che è sfuggito, da molto tempo, anche al controllo degli epigoni degli apprendisti stregoni che lo concepirono. Docili come buoi, belanti come pecore, ciechi come struzzi che han ficcato la testa nella sabbia, ci lasciamo trasportare dalla corrente, ci facciamo portare al macello senza reagire. Senza fare opposizione. Senza nemmeno cercare vie d'uscita. Perché manca un pensiero che pensi la modernità. Per la prima volta nella storia dell'Occidente, del glorioso Occidente di Eraclito, di Parmenide, di Aristotele, di Platone, di Plotino, dei Padri della Chiesa, di Agostino, di Tommaso d'Aquino, di Alberto Magno, di Raymond di Pennafort, di Duns Scoto, di Bacone, di Leibniz, di Rousseau, di Adam Smith, di David Ricardo, di Kant, di Hegel, di Schopenhauer, di Marx, di Nietzsche, di Heidegger, non c'è un pensiero che pensa se stesso. Non c'è più una filosofia che dia un orientamento, non c'è più una filosofia, ecco tutto. Non ci sono filosofi. Il pensatore di punta del mondo occidentale è considerato oggi Karl Popper che ha scritto: «Affermo che noi viviamo in un mondo meraviglioso. Noialtri occidentali abbiamo l'insigne privilegio di vivere nella migliore società che la storia dell'umanità abbia mai conosciuto. È la società più giusta, più ugualitaria, più umana della storia»[22]. Ma questo non è un filosofo liberale, è una domestica liberale. «Tutto va ben madama la marchesa».

Lo scontro del futuro non sarà quindi fra destra e sinistra, fra un liberalismo trionfante

[22] K. Popper, *Entretien sur l'économie*, in «Revue française d'économie», n. 2, 1986, p. 63.

e un marxismo morente – questo lo sappiamo – ma non sarà nemmeno quello «scontro di civiltà» fra Occidente e Islam preconizzato dallo studioso americano Samuel Huntington[23]. Il terrorismo alla Bin Laden sarà, con tutta probabilità, una parentesi – magari una lunga parentesi – che aiuterà l'Occidente a rafforzare la propria egemonia, a completare il delirio dell'unico modello mondiale, assorbendo, integrando, innocuizzando, ghettizzando, distruggendo ogni altra cultura, Islam compreso. Non ci saranno guerre di civiltà perché ne rimarrà una sola, la nostra. Ma è all'interno di questa che avverrà lo scontro vero, il più drammatico e violento: fra le élites dominanti fautrici della modernità e le folle deluse, frustrate ed esasperate, di ogni mondo, che non ci crederanno più, avendo compreso, alla fine, che lo spirito faustiano, lo spirito dell'Occidente, opera eternamente il Bene ma realizza eternamente il Male.

[23] S.P. Huntington, *Lo scontro delle civiltà*, Milano, Garzanti, 2000.

Stampato da
Grafica Veneta s.r.l., Trebaseleghe (PD)
per conto di Marsilio Editori® in Venezia

«I Grilli Marsilio»
Periodico mensile n. 83/2002
Direttore responsabile Cesare De Michelis
Registrazione n. 1096 del 18.05.1992
Tribunale di Venezia
Registro degli operatori di comunicazione-ROC n. 6388

EDIZIONE	ANNO
10 9 8 7 6 5 4 3	2002 2003 2004 2005 2006

i grilli

Abruzzese Alberto, Scurti Germano, *L'identità mediale degli italiani. Contro la repubblica degli scrittori*, 2001, pp. 216
Acquaviva Sabino, *La democrazia impossibile. Monocrazia e globalizzazione nella società*, 2002, pp. 208
Ariemma Iginio, *La casa brucia. I democratici di sinistra dal PCI ai giorni nostri*, 2000², pp. 226
Baldassarri Guido, *Questi italiani! Discorsi di moralità pubblica e privata*, 2001, pp. 224
Barón Crespo Enrique, *L'Europa all'alba del millennio*, prefazione di G. Amato, postfazione di M. Monti, 1997, pp. 312
Battista Pierluigi, *La fine dell'innocenza. Utopia, totalitarismo e comunismo*, 2002², pp. 156
Benvenuti Feliciano, *Il nuovo cittadino. Tra libertà garantita e libertà attiva*, 1994, pp. 144
Benzoni Alberto, Benzoni Elisa, *Attentato e rappresaglia. Il PCI e via Rasella*, 1999, pp. 128
Bianco Pialuisa, *Elogio del voltagabbana. Origine e storia di un tabù*, 2001, pp. 184
Bianco Pialuisa, *La lunga marcia dei pop comunisti. La Cina nell'economia globale*, 2000, pp. 184
Bianco Pialuisa, *La zattera del naufragio. Lettera sui limiti dell'Occidente*, 2002, pp. 168
Brunetta Gian Piero, *Identikit del cinema italiano oggi. 453 storie*, 2000, pp. 144
Cafagna Luciano, *C'era una volta. Riflessioni sul comunismo italiano*, 1991, pp. XVIII-162
Cafagna Luciano, *La grande slavina. L'Italia verso la crisi della democrazia*, 1993², pp. 208
Cafagna Luciano, *Nord e Sud. Non fare a pezzi l'unità d'Italia*, 1994, pp. 160
Cafagna Luciano, *Una strana disfatta. La parabola dell'autonomia socialista*, 1996, pp. 164
Cagliano Stefano, *Guarire dall'omeopatia*, 1998², pp. 136
Camon Ferdinando, *Il santo assassino. Dichiarazioni apocrife*, 1991, pp. 140
Ceri Paolo, *Il popolo di Lady Diana. Analisi di un'emozione collettiva*, 1998, pp. 148
Chiamparino Sergio, *Municipio. Dialogo su Torino e il governo locale con Giuseppe Berta e Bruno Manghi*, 2002, pp. 112
Chiarini Roberto, *Destra italiana. Dall'unità d'Italia a Alleanza nazionale*, 1995, pp. 168
Chiarini Roberto, Maraffi Marco (a cura di), *La destra allo specchio. La cultura politica di Alleanza nazionale*, 2001, pp. 240

Coen Federico, Borioni Paolo, *Le Cassandre di Mondoperaio. Una stagione creativa della cultura socialista*, prefazione di L. Cafagna, 1999, pp. 192

da Empoli Giuliano, *Un grande futuro dietro di noi. I giovani e la crisi italiana*, 1996^{2}, pp. 148

da Empoli Giuliano, *La guerra del talento. Meritocrazia e mobilità nella nuova economia*, 2000, pp. 180

da Empoli Giuliano, *Overdose. La società dell'informazione eccessiva*, 2002^{2}, pp. 112

De Rita Giuseppe, Galdo Antonio, *Capolinea a Nordest*, prefazione di R. Piano, 2001, pp. 96

Einaudi Luigi, *Memorandum*, a cura di G. Berta, con un saggio di N. Bobbio, 1994, pp. 124

Fagiolo Silvio, *La pace fredda. La società americana dopo la fine del comunismo*, 1996, pp. 200

Fiorentino Giovanni, *Il bambino nella rete. Dalla lavagna al computer*, 2000, pp. 108

Habermas Jürgen, *Dopo l'utopia. Il pensiero critico e il mondo d'oggi*, 1992^{2}, pp. 136

Macaluso Emanuele, *Mafia senza identità. Cosa Nostra negli anni di Caselli*, prefazione di L. Cafagna, 1999^{2}, pp. 128

Manghi Bruno, *I benestanti*, 1999, pp. 120

Manghi Bruno, *Il tempo perso. Nelle attività politiche, sindacali, associative*, 1995, pp. 120

Monteleone Franco, *L'emergenza telematica. Nuovi media, nuovi mercati, nuove regole*, 1996, pp. 132

Moriani Gianni, *L'aria rubata. Traffico, inquinamento e salute nelle nostre città*, 2000, pp. 144

Moriani Gianni, *Il secolo dell'odio. Conflitti razziali e di classe nel Novecento*, 1999^{3}, pp. 264

Muscarà Calogero, *Il paradosso federalista*, 2001, pp. 144

Polacco Fabrizio, *La cultura a picco. Il nuovo e l'antico nella scuola*, 1998, pp. 144

Racinaro Roberto, *Colonne infami. Presente e passato della questione giustizia*, 2000, pp. 168

Raimondi Ezio, Varni Angelo, *Dialogo sulla cittadinanza. Bologna vecchia e nuova*, 2002, pp. 120

Sapelli Giulio, *L'Italia di fine secolo. Economia e classi dirigenti: un capitalismo senza mercato*, 1998, pp. 228

Serres Michel, *Il mantello di Arlecchino. «Il terzo-istruito»: l'educazione dell'età futura*, 1992, pp. 252

Trombadori Antonello, *Diario in pubblico. Lettere agli amici de «La Carbonara»*, a cura di P. Franchi e D. Trombadori, 2001, pp. 104

Vineis Paolo, *Prima della malattia. Per un'etica della prevenzione*, 1997, pp. 168

Zigaina Giuseppe, *Pasolini. «Un'idea di stile: uno stilo!»*, 1999, pp. 144

Massimo Fini

Il denaro. «Sterco del demonio»

Storia di un'affascinante scommessa sul nulla

Gli specchi Marsilio

Il denaro - che non va confuso con la moneta in cui si incarna - è in realtà una logica, affascinante ma terribilmente insidiosa, che ha finito per soggiogarci. Da utile strumento è diventato un fine che determina lo stile, i ritmi, le modalità e gli scopi della nostra vita. Il libro di Massimo Fini è da un lato una storia del denaro rigorosamente documentata, dall'altro è un attacco corrosivo e radicale alla società contemporanea di cui il denaro, con il suo abnorme sviluppo, è insieme metafora e concretissimo strumento.

*La guerra: le sue funzioni,
le sue ragioni, le sue pulsioni,
la sua moralità.
Per migliaia di anni è stato
un evento fondante per gli uomini
e per i popoli, ha creato e distrutto
equilibri, ha determinato
il ruolo degli Stati e delle Nazioni
e i loro rapporti di forza,
ha marchiato il nostro modo
di essere, ha contribuito
a formarci. Poi, con la Bomba
e il ricatto atomico incrociato,
la guerra è diventata il tabù
dei tabù.*

Un'opera provocatoria, a metà tra il sillabario divagante e la confessione personale, che esplora più di cento voci inerenti l'universo erotico femminile. Così come lo vedono gli uomini. Con uno stile crudo, che non si nega nulla ma non è mai volgare, spesso sarcastico, talvolta persino tenero, il Di[zion]ario *è anche un'intelligente analisi del costume che, in qualche modo, ci mostra una delle prospettive con cui possono essere osservati, e vissuti, i rapporti uomo-donna.*

Con l'approccio e la personalità del grande giornalista, Massimo Fini ci restituisce con uno stile godibilissimo, in un'opera saldamente appoggiata alle fonti e ai documenti, il Nietzsche uomo, con la sua fragilità, la sua quasi incredibile ingenuità e, naturalmente, la sua lucida e dolorosa intelligenza. Una fragilità esistenziale che fa di Nietzsche il sensibilissimo sismografo della crisi di un'epoca e di una cultura, quella occidentale, che arriva a maturazione proprio oggi.